ESSAI

UNE LOI DE RÉGENCE.

ESSAI

SUR UNE

LOI DE RÉGENCE,

PAR

ANTOINE FLORET,

AVOCAT.

LYON.

IMPRIMERIE DE L. BOITEL,

QUAI SAINT-ANTOINE, 36.

1842.

ESSAI

SUR

UNE LOI DE RÉGENCE.

DES RÉGENCES EN GÉNÉRAL

Le deuil de la France et son unanime douleur, à l'occasion de l'événement du 13 juillet, n'ont pas empêché le pays de se préoccuper des suites inévitables de la mort du duc d'Orléans. Ce sentiment, que nous avons ressenti comme tous, nous a fait entreprendre ce travail. Son utilité nous était assez révélée par tout ce qui s'écrivait dans la presse quotidienne. Nous avons pensé qu'un traité plus spécial et tout d'une suite serait mieux approprié à la nature du sujet, et sous le titre d'*Essai sur une loi de régence* nous l'apportons au public. La hâte y a présidé ; le style doit s'en ressentir ; mais nous espérons que le fond et l'intention rendront indulgent pour la forme.

La mort du prince royal nous a malheureusement mis

en présence de l'éventualité d'une régence. Ce mot est écrit en lettres de sang dans notre histoire ; de là, cet esprit d'inquiétude qui s'est mêlé à nos douleurs. S'y trop abandonner pourtant serait faiblesse, il faut conserver sa force d'ame, et l'employer à chercher les moyens de prévenir les maux d'une situation faite. Si, jusqu'à ce jour, notre droit public n'a rien prévu, rien organisé sur les cas de régence, cherchons les principes d'une loi rassurante pour tous, considérons la nature et les dangers des désordres attachés aux régences, ouvrons enfin le grand livre de l'histoire, et il nous apprendra que si nous avons des maux à redouter, ce ne sont pas ceux dont souffrirent nos pères. Notre état social est changé, et les périls aujourd'hui ne sont plus où ils existaient autrefois.

Les régences sont nombreuses dans le passé. Sous les trois races de nos rois, nous les trouvons avec le caractère particulier à chacune de ces trois époques ; mais toujours elles produisent une crise et un relâchement dans l'autorité royale. Sous la première race, malgré le droit d'élection, circonscrit dans la famille du prince, la royauté est héréditaire ; même son caractère d'hérédité est alors mieux établi et plus affermi qu'il ne sera jamais. La nouvelle doctrine du christianisme n'a pas encore détruit le souvenir des anciennes divinités. Les traditions germaniques qui assignent des dieux ou des héros fabuleux aux premiers ancêtres des rois mérovingiens, sont encore respectées. La royauté est une dignité quasi-divine qui appartient à la famille. Mais son pouvoir limité et circonscrit, ne se produit guère au dehors. Auprès d'elle sont d'obscurs vassaux ; les grands chefs se sont dispersés sur le territoire ; ils se sont établis au loin ; ils sont, eux aussi, rois dans leur domaine ; et ce n'est que dans les occurences de guerre, que la royauté recouvre temporairement sur eux son pouvoir et son influence. Ainsi, c'est seulement par le commandement militaire qu'elle se révèle et se mêle aux puissances du pays. A toute cette époque la régence restera dans la famille, elle ne sera pas un pouvoir public mais domestique, elle appartiendra tantôt aux mères des jeunes rois, à un proche parent, tantôt à un officier du palais, à un officier du vasselage royal. Les troubles naturels de ce temps naîtront des jalousies et des prétentions, résultat nécessaire du partage de la couronne entre plusieurs héritiers. Car alors, pour la couronne comme pour tous les autres fiefs, le partage se fait entre tous les héritiers du même degré. Il y aura donc des crimes de famille. Cependant toutes ces perturbations ne se ressentiront pas au dehors ; les grands vassaux y seront étrangers, comme à tous les autres intérêts de la couronne.

Les maires du palais ont agrandi leur pouvoir ; cette charge d'intérieur est annobli par les croyances germaniques. Tout ce qui se rattache aux soins de la personne et de la maison du prince, reste en honneur dans les idées de ce peuple ; et aujourd'hui encore, les prétentions des hauts barons de la chambre des lords au service personnel du monarque, dans les solemnités royales, nous montrent que cette coutume féodale n'a rien perdu dans l'esprit pratique de la vieille Angleterre. Plusieurs minorités successives donnent l'exercice du pouvoir royal aux maires du palais. La guerre, en les initiant au commandement militaire, les a rapprochés des grands vassaux. Leur puissance personnelle, leurs richesses, leur intelligence des besoins nouveaux apportés par le christianisme en font de véritables rois, et cette royauté de fait, va devenir une royauté de droit, par la déclaration catholique du pontife romain. Ainsi finit cette dynastie de princes débiles; rois au berceau, pères avant quinze ans, ils arrivent à la tombe en pleine adolescence.

La seconde race commence sous l'auspice de la consécration religieuse. L'onction papale a remplacé le droit d'hérédité. Les vassaux se sont rapprochés des nouveaux rois ; ceux-ci, parmi eux, ne sont que les premiers *primi inter pares*. L'ordre féodal se régularise. Les assemblées du Champ-de-Mars ou de Mai ne sont plus ouvertes qu'aux possesseurs de fiefs. Les parlements vont naître. Les guerres continues des premiers rois Carlovingiens ont éloigné les grands vassaux de leurs domaines et les ont ralliés à la couronne. A cette époque commence l'influence des seigneurs féodaux ; c'est désormais eux qui, par leurs prétentions ambitieuses, troubleront le royaume pendant les régences. Les Leudes et les évêques, voilà toute la puissance politique du temps ; il faut recourir à eux pour obtenir le sacre et le serment de fidélité. Mais la seconde race périra comme la première. Plusieurs minorités successives ont fait passer le pouvoir royal entre les mains de Hugues-le-Grand, duc des Français, le plus riche, le plus puissant des grands vassaux de la couronne. Ceux-ci qui disposent de la régence ont nécessairement choisi parmi eux le plus haut et le plus influent, celui qui, dans les guerres, a su montrer le plus de résistance contre les invasions du pouvoir féodal par la royauté, et a fait preuve de le soutenir avec le plus de force et d'autorité. Les Carlovingiens ne seront point préservés par le souvenir présent encore de Charlemagne. La dynastie de celui qui a ressuscité l'empire d'occident et a donné les capitulaires, conserve à peine le trône pendant deux siècles. Ni la gloire militaire, ni la gloire civile ne peuvent retarder sa chûte. Hugues Capet place la couronne sur sa tête, le pape sanctifie cet acte de souveraineté, et le parlement, à son tour, vient, pour la première fois, consacrer par son adhésion une révolution politique. Comme changement social, comme juste concession de l'appui reçu, l'hérédité des fiefs est reconnue par les nouveaux rois. Ainsi se constitue la puissance de l'aristocratie féodale.

Sous la troisième race, les troubles des régences deviennent surtout politiques. Les grands, plus rapprochés de la couronne ont augmenté le pouvoir royal, parce que ce pouvoir est devenu leur propre grandeur, sous la minorité des princes, comme sous le règne des rois faibles. Le trône est en lutte avec le seigneur ; alors commence ce grand travail moderne d'absorption par la royauté de tout pouvoir local et indépendant. On prévoit l'organisation sociale unitaire et définitive de notre temps : le gouvernement et le pays. Alors les rois cherchent à ôter la régence aux grands vassaux ; ils divisent l'église et le manoir féodal ; ils appellent en aide un élément nouveau, celui des communes ; ils vont détruire l'esclavage en supprimant tous les degrés du servage; ils vont ainsi rendre, nobles et roturiers, également sujets de la couronne. Comme moyen, une institution nouvelle surgit. Les Etats Généraux sont constitués. L'unité royale va envahir et détruire toutes les royautés secondaires. Le régime féodal disparaît peu-à-peu. C'est tout un édifice qui s'écroule. En vain il veut résister contre les nécessités qui l'emportent ; en vain il profite des temps de minorité pour apparaître et lutter, tantôt personnifié dans un seul, tantôt avec toutes les ressources de l'association. La Ligue est son dernier effort, il périra avec les Guises. Cependant alors encore, les mœurs chevaleresques, les traditions de la féodalité, cette indépendance du pouvoir central qui faisait un roi de chaque seigneur dans ses terres, tout cela donnait aux grands de ces temps un esprit de hauteur et de résistance factieuse. La liberté d'examen, apportée par le protestantisme, les souvenirs récents de la longue et terrible lutte contre le pouvoir royal, donnent encore à l'aristocratie cette mâle rudesse et cette fierté hautaine, et je dirai même républicaine que Corneille a si énergiquement dessinées. Mais, en réalité, sa force ne répond plus à ses prétentions. Ses allures extérieures cachent mal sa faiblesse. Aussi, Richelieu n'a-t-il qu'un dernier coup à frapper pour constituer réellement le pouvoir royal. Il n'y a plus d'ordres intermédiaires; il n'y a plus d'autre grandeur que celle de l'état; toute hauteur s'abaisse devant le maître qui le représente, aussi viennent d'autres minorités et les luttes attesteront leur propre impuissance. La Fronde ne sera qu'une parodie de la Ligue; ses barricades, des jeux d'enfants colères; ses combinaisons, des intrigues de ruelle. Nous arrivons à la dernière minorité, à celle de Louis XV. L'aristocratie n'a plus même de prétentions au pouvoir; elle a complètement perdu son influence morale et sa force politique; elle n'est plus rien dans l'Etat. Tous les hommes supérieurs qu'elle renfermait encore, se sont retirés dans les grands corps du royaume, ils s'y sont fait une influence propre, indépendante de leur naissance. Sous Louis XV, l'aristocratie ne se révèle que par son amour pour les richesses, et son goût pour les débauches. Arrêtons-nous. Si la puissance féodale a disparu, une autre influence l'a remplacée. La démocratie, émancipée par ses lumières, son intelligence, sa moralité et par les chartes de ses rois, va conquérir son affranchissement politique. Une longue et terrible révolution établit sa victoire et ses droits. Nous acceptons cette révolution avec toutes ses conséquences, mais, avec un de nos plus grands hommes d'Etat, nous l'acceptons dans le passé seulement; ses injustices et ses violences nous épouvanteraient trop dans l'avenir.

Aujourd'hui une régence, en créant une lacune dans l'ordre habituel du pouvoir, amènera une crise dans la société. Si cette crise peut offrir quelques dangers, c'est par les prétentions du principe démocratique. Cet élément, le dernier venu, se souvient encore trop de ses luttes, et dans l'ordre social il est encore à l'état militant. Il est trop rapproché des souvenirs de la Révolution pour ne pas être sourd à ses enseignements et pour ne pas rester étranger aux intérêts de notre civilisation dont il ne voit que lui comme principe. Quand je parle de la démocratie et des

périls dont elle nous menace, je ne suis pas exclusif,
je n'oublie pas les partisans soit de l'ancienne aristocratie, soit de l'ancienne royauté parlementaire ; ils sont
plus vieux, ils auraient dû plus apprendre. Mais tous sont
restés étrangers à la voix du progrès; n'ayant pour drapeau
qu'un principe ou un intérêt, ils ont fait une halte dans l'histoire. Ils forment en France ce que j'appelle des partis.
Un parti est une réunion d'hommes qui se vouent exclusi-
vement à une idée, à un système. Par sa nature il est essentiellement rétrograde parce qu'il est en dehors de la
loi du progrès. Dans notre situation, le parti démocratique
est plus à craindre parce qu'il a plus de jeunesse, et par
conséquent plus de passions, plus de tendance à l'exercice
de sa force, plus de prétentions à un règne exclusif. Il
est ainsi fatalement poussé à la guerre contre ce qui existe
et contre les croyances des autres partis. Espérons que leur
règne à tous est passé. Un ordre nouveau, où sont entrées
comme éléments l'aristocratie, la royauté, la démocratie,
s'est constitué. Tous ces principes coexistent ensemble dans
la société. Faire une place aux uns qui serait la spoliation
des autres, ce serait retourner en arrière, cela ne convient
qu'à des temps de lutte et de guerre. Pour s'établir, en effet,
un système a besoin d'être exclusif pour être fort. Mais il
ne se régularise, il n'assure sa puissance qu'en s'alliant aux
autres idées, en s'unissant aux autres intérêts de la société.
C'est une véritable conquête. Et dans toute conquête,
qu'elle soit faite par les idées ou par les armes, peu importe,
on est vainqueur par la force, mais on ne perpétue et on ne
consolide la victoire qu'en absorbant et conservant tous

les principes inhérents à la chose conquise. Quand l'esprit
de destruction cesse, l'esprit d'ordre commence. Nous en
sommes là : les luttes sont finies, le jour de la paix et de
l'alliance est arrivé. Ne pas le voir, c'est faire acte d'igno-
rance, c'est renier l'esprit du siècle. Toutes les institutions
de notre régime constitutionnel sont, en effet, l'expression
de cette grande harmonie. L'avenir sera son règne défi-
nitif.

Adoptons donc la royauté moderne comme un pouvoir
modérateur et conservateur pour tous. Respectons les intérêts du passé et ceux du présent. Notre justice ne veut
plus de victime. La propriété, l'industrie, le commerce ont
droit de cité. La royauté, c'est le grand protectorat de tous
les faits et de toutes les classes. Elle est dans un rapport
nécessaire avec notre population et notre géographie politique. C'est, d'ailleurs, un lieu commun de dire que la
royauté est prudemment instituée chez un grand peuple
placé vis-à-vis d'autres grandes puissances étrangères. La
nationalité polonaise a péri pour ne pas l'avoir compris.
En effet, un trône électif convenait à ce pays tant qu'il
fût en lutte contre des hordes barbares. L'élection lui
donnait pour roi des chefs militaires que les hasards
de l'hérédité lui eussent peut-être refusés. Mais la lutte
avec des puissances régulières lui a été impossible. La
Prusse et la Russie, une fois organisées, ont dû envahir
un royaume où manquaient, comme moyens de conservation et de défense, des institutions d'ordre, un esprit de
suite et de tradition. Ainsi s'explique la disparition de
cette nationalité courageuse que nous regrettons comme

force politique, comme force d'avant-garde pour l'Europe.

Toutefois rassurons l'avenir par le passé. Les progrès de nos institutions n'ont pas été arrêtés par les régences nombreuses d'autrefois. Les prétentions et les désordres de la féodalité n'ont pu entamer la royauté et désorganiser la France. Et, cependant, nous bornant à la troisième race, sans compter les régences de majorité établies pendant les deux Croisades de St-Louis, pendant la prison du roi Jean à Londres, pendant la captivité de François Ier à Madrid, et depuis la mort de Charles IX jusqu'au retour de Henri III, roi de Pologne, il y a eu en France au moins une régence de minorité dans chaque siècle. Dans le onzième, Philippe Ier; dans le XIIe, Philippe-Auguste; dans le XIIIe, saint Louis; dans le XIVe, Charles VI; dans le XVe, le conseil de gouvernement de Charles VIII; dans le XVIe, Charles IX; dans le XVIIe, Louis XIII et Louis XIV; et dans le XVIIIe, Louis XV.

Puisque le XIXe siècle doit aussi avoir sa régence, espérons que les passions démocratiques seront impuissantes contre elle. Toutes les opinions doivent attendre de l'avenir et du progrès les changements qu'elles desirent. Une réforme, pour être durable et pacifique, ne peut avoir lieu que lorsque sa nécessité est évidente pour tous les esprits. Il faut donc renoncer à ces théories violentes qui passionnent sans instruire, et qui ne conviennent ni au caractère ni à la situation de la France. En effet, le propre de toute civilisation est d'établir un juste rapport entre les idées et les faits, une légitime influence entre la théorie et la pratique. En Europe, la France, placée entre l'Allemagne et l'Angleterre, réunit l'esprit de théorie de l'une à l'esprit de pratique de l'autre.

C'est là son caractère heureux et évident. Néanmoins, depuis cinquante ans, des révolutions nombreuses nous ont trop habitués à des changements de pouvoirs et de principes. De là, peu de respect pour les institutions, pour les faits ; de là, cet esprit novateur qui pousse chacun à écrire, non pour étudier et développer ce qui existe, mais pour renverser et donner chaque jour des théories nouvelles.

Les meilleures intelligences ont sacrifié à cette manie. Nous ne voulons pas proscrire les théories, nous connaissons trop leur force et leur utilité morale, mais nous les voudrions plus pratiques, moins en dehors des faits. Ce serait aussi les rendre plus nationales, car cette association est le caractère heureux de la civilisation de notre pays.

C'est ainsi que le progrès est desiré par notre cœur, et compris par notre esprit ; chercher à réaliser ce progrès, voilà pour nous un véritable apostolat.

ÉTAT

DE LA LÉGISLATION SUR LES RÉGENCES.

La royauté est la plus auguste et la plus haute de toutes les magistratures. En la rendant héréditaire, notre droit public n'a pas voulu en faire le patrimoine d'une famille ; mais il a voulu la mettre au-dessus des passions et des intrigues ; il a voulu prévenir ces retours périodiques de guerres civiles et ces scènes sanglantes, déplorables conséquences des royautés électives, comme nous le prouvent l'histoire de l'ancien empire romain, et l'expérience plus moderne de la Pologne et de l'Allemagne. Le principe de la monarchie héréditaire est réalisé dans nos lois. Pour être complet, il faut encore pourvoir à l'exercice de la puissance monarchique dont peut être privé le souverain. Il ne suffit pas de régler législativement l'ordre de succession à la couronne, il faut encore désigner ceux qui doivent gouverner l'Etat pendant la minorité des rois, leur absence, leur captivité, ou leur maladie.

Avant 1789, aucun principe fondamental n'avait posé

les bases des régences. On peut excepter seulement une charte de Louis-le-Débonnaire, une ordonnance de Charles V et l'édit que Charles VI fit proclamer dans un lit de justice.

Pour la première fois, la constitution du 3 septembre 1791, et le décret du 12 septembre suivant contiennent les principes de cette matière.

L'Empire aussi avait prévu une minorité et l'administration de l'État par une régence. Deux sénatus-consultes, celui du 28 floréal an XII et celui du 5 février 1813 ont déterminé les règles de cette institution dont on ne voit plus aucune trace ni dans la charte de 1814, ni dans celle de 1830. Ainsi, par suite de l'abolition des constitutions antérieures, notre droit politique n'offre plus rien de positif sur cette matière et se trouve livré sur la transmission de la régence aux mêmes incertitudes.

Sur ce sujet, l'embarras et la difficulté de solution, la diversité des aperçus ont fait croire à l'impossibilité d'un système nettement tracé. Pour cela, des publicistes nombreux, dont quelques-uns appartiennent à la rédaction du *Journal des Débats*, se sont persuadés qu'il y avait nécessité de s'en remettre pour l'avenir à l'empire de l'arbitraire, des circonstances et du temps. Si une chose est évidente, c'est certainement le danger d'attendre les moments de crise et d'agitation, provoqués par l'absence d'un principe fixe et reconnu d'avance par la loi fondamentale, pour s'occuper de l'examen et de la décision de ces grandes et épineuses questions de droit constitutionnel ou organique, auquel se rattachent étroitement le bonheur, le repos, l'existence même des Etats. Pour prévenir les troubles d'un interrègne, dit Burlamaqui, c'est une précaution très sage de désigner par avance ceux qui, pendant ce temps-là, doivent prendre en main les rênes du gouvernement. De là donc la nécessité de régler, par une loi, tout ce qui se rattache aux régences, tout en admettant les modifications nécessitées par les circonstances, et accordant à chaque règne le pouvoir de réforme pour approprier les principes organiques des régences avec les nécessités de fait qu'elles doivent rencontrer. Une discussion dans les Chambres que nous espérons haute, digne et complète, éclairera l'opinion publique, redonnera force aux institutions et courage aux bons citoyens.

DE L'AGE DE MAJORITÉ DES ROIS.

Une régence peut être définie, la délégation de l'exercice des droits de la couronne pendant la minorité de l'héritier. Les droits du trône et le besoin du peuple, voilà les principes, la base et la mesure des droits de toute régence. Par sa nature c'est une fonction toute publique. A la différence de la tutelle qui pourvoit à l'intérêt personnel du pupille, elle n'a pour but que la conservation du pouvoir royal. Celle-là conserve le patrimoine du propriétaire mineur, celle-ci une magistrature telle que l'a organisée le droit public.

Examinons d'abord les principes qui doivent présider à

la minorité des rois. L'âge où ils atteindront leur majorité fixera le terme des régences.

Les lois et ordonnances relatives à la majorité de nos rois n'ont jamais eu qu'une existence précaire et momentanée, c'est une mesure digne de notre temps de fixer constitutionnellement cette majorité.

Dans la charte de partage de l'empire entre ses enfants, Louis-le-Débonnaire statuait que si, lors de son décès, quelqu'un d'eux n'eût pas atteint sa majorité, *suivant la loi des ripuaires*, il voulait que son royaume fût gouverné par son frère aîné jusqu'à cette majorité.

Quant à l'âge fixé par la loi des ripuaires, voici ce qu'il y est dit : « Si un ripuaire est mort, ou qu'il ait été tué et qu'il ait laissé un fils, ce fils ne pourra pas, avant la quinzième année de son âge révolu, poursuivre aucune cause, ni être interpellé ni obligé de répondre en jugement; mais à l'âge de quinze ans il sera obligé de répondre lui-même ou de choisir un défenseur. »

D'après d'autres dispositions du même roi, il paraîtrait que la majorité des ripuaires avait été fixée, suivant quelques auteurs, à l'âge de 24 ans, et suivant d'autres, à l'âge de 12 ans. « Si un enfant *au-dessous de l'âge de douze ans*, dit ce capitulaire, usurpe injustement la chose d'autrui, il en payera la *composition* ; mais on ne pourra pas exiger de lui le *fredum* ; il pourra, pour des causes de cette espèce être traduit en jugement ; mais on ne peut l'interpeller ni le traduire en jugement pour des contestations relatives à l'hérédité paternelle ou maternelle avant qu'il ne soit parvenu à l'âge de douze ans.

D'autres écrivains ont été jusqu'à avancer qu'au commencement de la monarchie les enfants des rois étaient réputés majeurs dès le berceau ; mais M. Polverel, dans le *Répertoire de Jurisprudence* de Guyot, au mot *régence*, fait judicieusement les réflexions suivantes : Sans doute, les enfants des rois avaient un droit certain à la couronne après la mort de leur père ; mais ils ne pouvaient l'exercer en leur nom que lorsqu'ils avaient atteint l'âge de majorité, jusqu'alors c'était le régent qui gouvernait seul et qui gouvernait même en son nom propre.

L'exemple des enfants de Clodomir prouve qu'on ne les couronnait pas pendant leur minorité. Les rois mineurs qui sont venus après eux, ont été à la vérité couronnés dans leur enfance, mais ils n'ont régné qu'après avoir atteint leur majorité. Charles-le-Simple est le seul que j'aperçoive vers cette époque régner sans tuteur et sans régent avant l'âge de 14 ans.

Malgré le couronnement et le sacre des rois mineurs, c'était toujours le régent qui régnait jusqu'à la majorité du roi, c'était du sceau du régent et en son nom que se scellaient et s'expédiaient les actes, les chartes et les diplômes ; tous les monuments l'attestent, et nous en avons la preuve, soit dans la charte de Louis-le-Débonnaire, pour le partage de l'empire entre ses enfants , soit dans le réglement du parlement de France pour la régence de Philippe-le-Long. (1)

(1) En effet, après la mort de Louis-le-Hutin, les seigneurs et le parlement déférèrent la régence à Philippe-le-Long. On régla que si la reine accouchait d'un prince, Philippe aurait la régence et la tutelle pendant

Mais quel était, en effet, l'âge de la majorité des rois ? Observait-on la loi des ripuaires ? Trouvons-nous dans les premiers siècles de la monarchie, un véritable usage sur ce point ?

Clovis n'avait que quinze ans lorsqu'il monta sur le trône. C'est à quinze ans aussi que Gontran déclara majeur son neveu Childebert ; les enfants de Louis-le-Bègue, Philippe Ier et Philippe-Auguste ont régné aussi sans régents, quoiqu'ils ne fussent âgés que de quinze à seize ans.

Ainsi est exécutée la loi des ripuaires sous la première, seconde et troisième race.

À côté de ces faits, M. Polverel présente encore ceux-ci : Charles-le-Simple règne sans régent ayant l'âge de quatorze ans.

Le royaume est mis sous la régence de la reine, mère de Louis, dit le Fainéant, quoique ce monarque fut âgé de dix-huit ou dix-neuf ans. St-Louis n'est déclaré majeur et ne gouverne par lui-même qu'à l'âge de vingt et un ans.

Philippe-le-Bel règne sans régence à l'âge de dix-sept ans.

Et le parlement de France règle que si la veuve de Louis-le-Hutin accouche d'un prince, Philippe-le-Long aura la régence et la tutelle pendant dix-huit ans.

dix-huit ans, d'autres disent pendant vingt-quatre ; mais il serait d'autant plus étonnant que cette assemblée eût déclaré les rois mineurs jusqu'à vingt-quatre ans, qu'elle nommait un régent qui n'en avait que vingt-trois. On régla, de plus, que le régent aurait un sceau particulier sur lequel serait gravée cette inscription : « Philippe, fils du roi des Français, gouvernant les royaumes de France et de Navarre. »

Voilà des faits qui contredisent la loi des ripuaires et le capitulaire de Louis-le-Débonnaire, et qui se contredisent entr'eux sur le terme de la minorité des rois, les uns en le rapprochant, les autres en le reculant plus ou moins.

Nous n'avions donc sur cette matière qu'une ancienne loi mal observée, point d'usages uniformes, des faits se détruisant mutuellement.

Philippe-le-Hardi, fils de St-Louis, avait ordonné, s'il mourait avant l'âge de quatorze ans de son fils, que le prince d'Alençon gouvernerait le royaume pendant la minorité, sa régence devant cesser dès l'entrée du prince dans sa quinzième année.

Ce n'était point là une loi permanente, ce n'était qu'un acte d'administration momentané. Charles V voulut en faire une loi perpétuelle pour tous les rois à venir, par l'ordonnance qu'il donna à Vincennes, au mois d'août 1374, et qui fut enregistrée le 20 mars 1375, en présence de l'université, du prévôt des marchands et des échevins de la ville de Paris.

Cependant cette loi fut d'abord violée après la mort de Charles V.; son fils, Charles VI, n'avait que onze ans et onze mois lorsqu'il fut sacré. Le duc d'Anjou cessa dès lors d'être régent. Charles VI confirma l'ordonnance de son père, en 1392.

Charles VIII est déclaré majeur par les Etats assemblés, le 12 février 1484 ; il n'avait pas encore quatorze ans.

Pendant la minorité de Charles IX, le royaume est gouverné par Catherine de Médicis, en qualité de régente, et par le roi de Navarre, en qualité de lieutenant général du royaume.

Charles IX déclare sa majorité à treize ans et deux mois au parlement de Rouen. A cette occasion, le chancelier de l'Hôpital, expliquant l'ordonnance de Charles V, dit que *l'esprit de la loi était que les rois fussent majeurs à quatorze ans commencés et non pas accomplis, suivant la règle que dans les causes favorables,* ANNUS INCOEPTUS PRO PERFECTO HABETUR. Tel était, en effet, le véritable sens de l'ordonnance de Charles V ; le texte latin dit *eo ipso quod... quartum decimum annum suæ ætatis attigerint.*

Nous avons trois minorités depuis Charles IX : celles de Louis XIII, de Louis XIV et de Louis XV ; à ces trois époques, c'est le parlement de Paris qui a déféré la régence. Sous les deux premières minorités, c'est la reine, mère du roi mineur, qui a été déclarée régente ; sous la troisième, ce fut le duc d'Orléans, premier prince du sang. Les trois jeunes rois, à l'exemple de Charles IX, ont déclaré leur majorité au commencement de la quatorzième année de leur âge.

Montesquieu, que nous sommes heureux de pouvoir citer, explique ainsi la majorité sous les Mérovingiens et sous les Carlovingiens. Dès qu'ils pouvaient porter les armes, les Francs sortaient de l'enfance, ils ne faisaient plus partie de la famille, ils en devenaient une de la république. C'était la vertu (c'est-à-dire le courage) qui faisait la majorité ; or, les armes des Francs étaient légères, ils pouvaient donc être majeurs à quinze ans. Dans la suite les armes devinrent pesantes, et elles l'étaient déjà beaucoup du temps de Charlemagne, comme il paraît par nos capitulaires et nos romans. Ceux qui avaient des fiefs, et qui, par conséquent, devaient faire le service militaire, ne furent plus majeurs qu'à vingt et un ans. Aujourd'hui, éclairés par les désordres, résultats nécessaires d'une régence dont le terme était mal fixé, quel âge choisirons-nous pour fixer la majorité de nos princes.

D'un côté, il y a un intérêt d'ordre public à rendre le temps des régences le plus court possible; de l'autre, il y a de graves inconvénients à appeler à l'administration de l'état un jeune prince dont l'inexpérience et l'aveuglement peuvent compromettre la dignité du trône.

Il ne faut pas non plus que l'esprit d'opposition, si générale et si naturelle en France, ait un moyen, dans l'âge du prince, d'attaquer ses actes et de déconsidérer le pouvoir, en montrant les passions de la jeunesse où il faudrait la maturité et l'expérience.

Nous comprenons que, sous l'ancienne monarchie, on ait abrégé la durée des régences. Une régence, en effet, était naturellement un temps de désordre. Tout était livré à l'esprit d'ambition du régent, et à l'esprit de faction des grands. Nulle part il n'existait une force coercitive assez grande pour triompher de ces perturbations. On comprend que les rois, les parlements et les hommes tels que l'Hôpital, fixassent la majorité à un âge qui tenait encore à l'enfance. Aujourd'hui il n'y a plus les mêmes motifs. Les institutions nouvelles ne ressemblent pas aux institutions anciennes. L'état des mœurs et des esprits, nos assemblées constitutionnelles presque permanentes, la responsabilité des ministres, la liberté de la presse, voilà des forces qui permettent d'assigner à la majorité des rois un âge où la maturité de leur raison soit plus en rapport avec les grands devoirs de la royauté. Ces mêmes forces permettent aussi de l'établir au-dessous du terme fixé à la majorité civile ordinaire.

Elles sont placées, en effet, au-dessus du trône pour cacher la faiblesse des rois, et pour suppléer à l'insuffisance et à l'inexpérience de leur jeunesse. Nous croyons l'âge de dix-huit ans accomplis, fixé par la Constituante, heureusement choisi. Cet âge nous paraît un juste milieu entre la majorité prématurée de l'ancienne monarchie et celle assignée par la loi commune aux citoyens.

D'ailleurs, pour donner au jeune prince une expérience anticipée des affaires, indépendamment de son éducation, des lumières et de l'esprit de sagesse qui y présideront, pour l'initier aux intérêts du pays et aux devoirs du gouvernement, on pourra l'introduire dans le conseil, et pour prévenir tout inconvénient, à l'âge de quatorze ans seulement, on pourrait le faire assister à ses séances, mais sans y avoir voix délibérative ni consultative.

Cependant, suivant les circonstances, suivant les hommes placés autour du trône, suivant l'esprit d'une époque, suivant la parenté plus ou moins prochaine du prince appelé à la régence, l'âge de majorité du roi mineur pourra être modifié. Toutefois il ne devra pas être fixé au-dessous de dix-huit ans, mais, suivant les cas, il pourra quelquefois être convenablement élevé à vingt et un ans.

SÉPARATION

DE

LA RÉGENCE DE LA TUTELLE.

La longue série d'attentats criminels commis pendant le cours des régences, remplirait des volumes. Nous ne pouvons entrer ici dans leurs détails. Mais, quoique rassurés pour l'avenir par notre civilisation, par l'état des mœurs et des lumières, nous croyons devoir insister, en commençant ce travail, sur la séparation de la régence et de la tutelle. Il peut être dangereux de rapprocher celui qui administre le pouvoir de la personne qui l'en sépare; et c'est toujours une imprudence de laisser une place à des passions mauvaises dont l'humanité ne sait pas toujours triompher. L'histoire, d'ailleurs, nous fournit de nombreux exemples où l'on a séparé la régence de la tutelle. Toutefois, il n'y a rien eu de fixe et d'uniforme à cet égard.

Montesquieu nous apprend que, dans les temps où l'on fit la loi des douze tables, les mœurs à Rome étaient admirables.

On déféra la tutelle au plus proche parent du pupille, pensant que celui-là devait avoir la charge de la tutelle qui pouvait avoir l'avantage de la succession. On ne crut point la vie du pupille en danger, quoiqu'il fut mis entre les mains de celui à qui sa mort devait profiter..... Mais, lorsque les mœurs changèrent à Rome, on vit les législateurs aussi changer de façon de penser. *Si dans la substitution pupillaire, disent Caïus (1) et Justinien (2), le testateur craint que le substitué ne dresse des embûches au pupille, il peut laisser à découvert la substitution vulgaire (3), et mettre la pupillaire dans une partie du testament qu'on ne pourra ouvrir qu'après un certain temps.* Voilà des précautions inconnues aux premiers Romains.

Chez les Francs, il y eut dans les fiefs une différence entre la tutelle et la *baillie*, et dans la famille royale il y eut une double administration, l'une qui regardait le gouvernement du royaume, l'autre qui regardait la personne du pupille. On peut voir à cet égard l'*Esprit des Lois* de Montesquieu, livre XVIII, chapitre 17.

Cependant, si cette règle est généralement observée, souvent aussi elle est enfreinte.

Ainsi les enfants de Clodomir sont sous la tutelle de Clotilde leur aïeule, et leur royaume est gouverné par leurs oncles.

Clovis II est sous la tutelle de Nantilde sa mère, et son royaume a successivement pour régent Ega et Erchinoald.

(1) *Instit.*, liv. II, titre VI, s. 2. Compilation d'Oze, à Leyde 1658.

(2) *Instit.*, liv. II. De pupil. subst., s. 3.

(3) La substitution vulgaire est : *Si un tel ne prend pas l'hérédité, je lui substitue,* etc. ; la pupillaire est : *Si un tel meurt avant sa puberté, je lui substitue,* etc.

La tutelle est séparée de la régence pendant la minorité de Clotaire III.

Elle est aussi séparée pendant la minorité de Charles-le-Simple et de Louis-le-Fainéant.

Charles V avait aussi séparé la régence de la tutelle dans le réglement fait pour la minorité de son fils.

Mais, au contraire, la régence et la tutelle sont réunies pendant les minorités de Childebert II, de Clotaire II, de Sigebert, de Louis-le-Débonnaire, de Charles-le-Simple, de Lothaire, de Philippe Ier, de Philippe-Auguste, de St-Louis, de Charles IX, de Louis XIII, de Louis XIV et de Louis XV (le duc du Maine n'ayant été chargé que de l'éducation de ce dernier roi mineur).

La constitution du 3 septembre 1791 et le sénatus-consulte du 28 floréal an XII (18 mai 1804) reconnaissaient le principe de la séparation de la tutelle et de la régence. Voici quelles étaient à cet égard leurs dispositions :

La constitution du 3 septembre 1791 porte :

« Titre III, Chap. II, sect. 2, art. XVI. La régence du royaume ne confère aucun droit sur la personne du roi mineur.

Art. XVIII. La garde du roi mineur sera confiée à sa mère; et s'il n'a pas de mère, ou si elle est remariée au temps de l'avènement de son fils au trône, ou si elle se remarie pendant la minorité, la garde est déférée par le Corps législatif.

« Ne peuvent être élus pour la garde du roi mineur ni le régent et ses descendants, ni les femmes. »

Le sénatus-consulte organique du 28 floréal an XII porte :

« Tit. IV, art. 28. La régence ne confère aucun droit sur la personne de l'empereur mineur....

Art 30. La garde de l'empereur mineur est confiée à sa mère et à son défaut au prince désigné à cet effet par le prédécesseur de l'empereur mineur.

« Ne peuvent être élus pour la garde de l'empereur mineur, ni le régent et ses descendants, ni les femmes. »

Mais le sénatus-consulte organique du 5 février 1813, apporta à ces dispositions des modifications et changements importants. Il contient, entre autres choses, ce qui suit :

« Tit. I, art. 1. Le cas arrivant où l'empereur mineur monte sur le trône sans que l'empereur son père ait disposé de la régence de l'empire, l'impératrice-mère réunit de droit, à la garde de son fils mineur, la régence de l'empire. »

Le titre IV est relatif à la formation d'un conseil de régence et à la fixation de ses attributions.

Et le titre V, concernant la garde de l'empereur mineur porte :

« Art. 29, la surintendance de sa maison et la surveillance de son éducation sont confiées à sa mère.

« Art. 30. A défaut de la mère, ou d'un prince désigné par le feu empereur, la garde de l'empereur est confiée par le conseil de régence à l'un des princes titulaires des grandes dignités de l'empire.

« Art. 31. Ce choix se fait au scrutin, à la majorité absolue des voix ; en cas de partage, le régent décide. »

Telle est la législation ancienne sur cette matière.

Séparant donc, comme chose essentiellement distincte, la régence de la tutelle, nous allons diviser notre travail en deux sections. La première traitera de la nature, de l'étendue, de la forme et de la durée de la régence ; la seconde, de la nature, de l'étendue, de la forme et de la durée de la tutelle.

SECTION PREMIÈRE.

DE LA RÉGENCE.

La régence, comme nous l'avons dit, est la délégation des droits de la couronne pendant la minorité du prince qui en est héritier. C'est une fonction publique, et par sa nature conservatrice du pouvoir royal ; c'est le complément de la maxime : *le roi ne meurt point en France*, son autorité non plus ne doit jamais mourir, elle ne peut être suspendue. Dans les cas d'absence, de captivité, de maladie ou de minorité des rois, la régence vient donc en exercer les droits et en remplir les devoirs. C'est ainsi qu'elle appuye et complète le principe d'hérédité de la couronne.

A diverses époques, des princes statuant sur l'établissement des régences pour le temps de minorité de leurs héritiers, auraient cru compromettre les prérogatives du trône et les droits de leurs successeurs, en confiant l'exercice entier de l'administration royale à l'unique personne d'un régent. Ce sont ces appréhensions qui motivèrent la conduite de Charles V, dans les restrictions imposées par lui au duc d'Anjou pour contenir sa puissance comme régent.

A défaut de lois, les limites assignées par l'histoire à leurs puissances sont de plusieurs sortes.

Tantôt les régents administrent seuls leur royaume en leur nom et avec un sceau personnel, tantôt ils doivent gouverner au nom du roi mineur, proclamé et sacré roi malgré sa minorité. Tantôt on abrège le temps de minorité pour ne pas laisser prendre de trop grandes racines au-pouvoir temporaire du régent. Tantôt, enfin, on établit un conseil de régence dont l'avis est obligé pour l'administration du royaume. Ainsi Charles V établit ce conseil. Le *Répertoire de Jurisprudence* dit, à cet égard, qu'à proprement parler, il n'introduisait rien de nouveau. Il avait devant les yeux deux exemples qui, peut-être, lui donnèrent l'idée de l'établissement de ce conseil. Le premier était celui de Louis VII qui, avec le concours des barons assemblés à Vezeley, avant son départ pour la Terre-Sainte, avait laissé plusieurs seigneurs pour conseil aux deux régents qui devaient gouverner en son absence.

L'autre exemple est celui de Philippe-le-Hardi, qui donna, par ses ordonnances de 1270 et de 1271, un conseil au régent qu'il établissait en cas qu'il vint à mourir, pour tout le temps de minorité de son successeur.

Comme Charles V, Charles VI établit un conseil de régence; et, bien plus, par son ordonnance du 26 décembre 1407, il supprime le titre de régent, et en donne le pouvoir à un conseil agissant au nom des rois mineurs et se déterminant à la majorité des suffrages de ses membres.

La régence projetée dans le testament de Louis XII, du 31 mai 1505, établissait aussi un conseil, mais il conférait néanmoins le pouvoir de la régence à sa *compagne la reine et ensemblement à sa très chère et amée sœur la comtesse d'Angoulême.*

Louis XIII et Louis XIV avaient aussi établi un conseil de régence, mais des raisons d'ordre public les firent supprimer l'un et l'autre par les parlements.

La loi de septembre 1791 n'admit pas les conseils de régence.

Le sénatus-consulte du 28 floréal an XII admet ou suppose l'existence d'un conseil de régence, composé des titulaires des grandes dignités de l'empire, sans le concours et la déclaration duquel le régent ne pouvait déclarer la guerre, ni signer des traités de paix, d'alliance ou de commerce.

On peut remarquer qu'en général les conseils de régence ont été introduits dans un temps où l'autorité royale était puissante et concentrée; les monarques craignaient alors la haute influence, résultant de l'exercice des droits de la couronne. Cet exercice leur paraissait conférer au régent trop de pouvoir; l'avenir de leurs héritiers en semblait menacé, et alors la limite d'un conseil de régence parut un remède.

Quant à l'existence de ces conseils, disons d'abord, pour démontrer leur inutilité et leurs dangers, que ce conseil ou aura simplement voix consultative dans l'administration des affaires de l'état, ou bien voix délibérative, et arrêtera les grandes mesures à la pluralité des suffrages.

Dans le premier cas, pourquoi, en présence des chambres représentatives et du conseil-d'état, créer momentanément un corps dont les attributions sont déjà constitutionnellement données ; on n'y gagne rien ; mais l'on complique les rouages de l'administration ; on peut ainsi créer des embarras et des conflits. Bien plus, si ce conseil délibère et statue à la majorité des voix, suivant la pensée de Felice, le savant commentateur de Burlamaqui, toute la nature du gouvernement est alors altérée, la délibération est introduite dans l'exécution, le pouvoir devient une véritable oligarchie,

Reconnaissons que ces conseils de régence ont été établis par les rois, afin que le pouvoir royal n'appartînt intégralement qu'aux seuls princes leurs héritiers, ne voulant pas qu'il put être exercé par un régent.

On doit rejeter tout conseil de régence. Où il faut délibérer, on peut admettre plusieurs ; où il faut agir, un seul vaut mieux. L'unité, dans la régence, est la conséquence d'une monarchie royale, sa véritable assimilation. Ensuite, cette institution d'un conseil de régence n'avait-elle pas pour base un ordre de chose qui n'existe plus aujourd'hui. En effet, alors la royauté, au lieu d'avoir le caractère d'une magistrature, d'une grande institution sociale, était une dignité toute personnelle, et, au temps de la féodalité, je dirai même un patrimoine de famille. Bien qu'affaiblies au XVIIe siècle, il restait encore des traditions de fiefs, qui faisaient considérer la royauté comme une propriété particulière. Naturellement, appliquant alors à la régence les principes de la tutelle, on plaçait à côté du régent, comme auprès du tuteur, un conseil destiné à surveiller et éclairer son administration, et surtout, à conserver strictement le patrimoine du pupille. Il importe, sans doute, de maintenir les prérogatives de la couronne, mais pour veiller sur ce grand dépôt, nos corps politiques suffisent. C'est ainsi que pensait le savant Omer-Talon lorsqu'il concluait, comme avocat-général au parlement de Paris, à la suppression du conseil de régence, établi par le testament de Louis XIII, dont le prince de Condé avait la présidence. Il était alors l'expression de ceux qui voyaient dans la royauté un pouvoir public et non privé. Et cependant, à cette époque, le parlement, comme institution de garantie, était loin de valoir nos assemblées actuelles.

Il y avait encore un autre motif pour l'établissement des conseils de régence; ce motif était puisé dans des nécessités contemporaines. Alors la royauté était en lutte avec les grands vassaux; ceux-ci faisaient une guerre ouverte à la couronne, sortaient de France, contractaient des alliances à l'étranger. En présence de ces désordres, une minorité était un temps de difficultés et de périls. De là, la création des conseils de régence; ils réunissaient, en effet, les grands vassaux autour du trône; ils absorbaient le pouvoir, grandissaient la couronne de leur influence centralisée, et paralysaient leurs passions ambitieuses; c'était un compromis entre la faiblesse d'un côté, l'orgueil et l'amour du pouvoir de l'autre.

En principe, le pouvoir d'un régent doit être aussi

étendu que le pouvoir royal dont il a l'entier exercice. Autrefois, afin de ne point assigner de borne au pouvoir du régent, l'héritier du trône, avant sa majorité, n'était ni déclaré ni reconnu roi.

Pendant la minorité de Louis XV, il fut solennellement reconnu que le régent pouvait, sous le nom du roi mineur et avec l'assistance du conseil, tout ce qu'eût pu le roi lui-même, s'il eût été en âge de majorité.

Sous notre régime constitutionnel où des institutions combinées fixent et limitent le pouvoir de la couronne, cette décision doit avoir tout son résultat. En effet, l'autorité royale ne pouvant recevoir d'extension au-delà des bornes constitutionnelles, son exercice sera sans danger dans les mains d'un régent. Une usurpation n'est possible que dans un pays mal constitué. Sans s'arrêter puérilement à ce danger, il faut seulement craindre de retrancher quelque chose à cette autorité déléguée. Ce serait un moyen de l'énerver et de priver le gouvernement de son énergie et de sa force. Peut-être même y aurait-il encore d'autres périls pour l'avenir.

En fait, cette règle a été réalisée en loi par la Constitution de 1791, où il est dit : titre III, Chap. 2, section II, Art. XI. Le régent exerce, jusqu'à la majorité du roi, toutes les fonctions de la royauté, et n'est pas personnellement responsable des actes de son administration.

Le sénatus-consulte du 28 floréal 1812 et du 5 février 1813 apportèrent à cette disposition fondamentale de funestes changements. Ils étaient du reste appropriés à la nature de ce gouvernement ; nous transcrivons ici tout ce qui a rapport à l'exercice du pouvoir du régent.

Le premier de ces sénatus-consultes portait entre autres dispositions :

« Tit. IV, art. 23. Aucun sénatus-consulte organique ne peut être rendu pendant la régence, ni avant la fin de la troisième année qui suit la majorité.

« Art. 24. Le régent exerce jusqu'à la majorité de l'empereur toutes les attributions de la dignité impériale.

« Néanmoins, il ne peut nommer ni aux grandes dignités de l'empire, ni aux places de grands officiers qui se trouveraient vacantes à l'époque de la régence ou qui viendraient à vaquer pendant la minorité, ni user de la prérogative, réservée à l'empereur, d'élever des citoyens au rang de sénateurs.

« Il ne peut révoquer ni le grand juge ni le secrétaire d'état.

« Art. 25. Il n'est pas personnellement responsable des actes de son administration.

« Art. 26. Tous les actes de la régence sont au nom de l'empereur mineur.

« Art. 27. Le régent ne propose aucun projet de loi ou sénatus-consulte, et n'adopte aucun réglement d'administration publique, qu'après avoir pris l'avis du conseil de régence, dont les membres, pour ce seul cas, ont voix délibérative. La délibération a lieu à la majorité des voix ; et, s'il y a partage, elle passe à l'avis du régent.

« Le ministre des relations extérieures prend séance au conseil de régence, lorsque ce conseil délibère sur des objets relatifs à son département.

« Le grand juge ministre de la justice peut y être appelé par l'ordre du régent.

« Le secrétaire d'état tient le registre des délibérations....

« Art. 29. Le traitement du régent est fixé au quart du montant de la liste civile. »

Le sénatus-consulte du 5 février 1813, contenait les dispositions suivantes :

Titre I, art. 7. Tous les actes de la régence sont au nom de l'empereur mineur....

« Titre III, art. 11. Jusqu'à la majorité de l'empereur, l'impératrice régente ou le prince régent, exerce pour l'empereur mineur, toute la plénitude de l'autorité impériale.

« Art. 13. L'impératrice régente nomme aux grandes dignités, aux grands offices de l'empire et de la couronne, qui sont ou qui deviennent vacants durant sa régence.

« Art. 14. L'impératrice régente ou le régent nomme, révoque tous les ministres, sans exception, et peut élever des citoyens au rang de sénateurs, conformément à l'article 57 de l'acte des constitutions du 18 mai 1804 » (et en contradiction directe à l'article 24 du titre IV du sénatus-consulte du 28 floréal an XII.)

« Titre IV, sect. 1, art. 19. Le conseil de régence est composé du premier prince du sang, des princes du sang, oncles de l'empereur, et des princes grands dignitaires de l'empire.

« Art. 20. S'il n'existe qu'un prince, oncle de l'empereur, ou s'il n'en existe pas du tout, un prince français, dans le premier cas, et deux dans le second, les plus proches parents de l'empereur dans l'ordre de l'hérédité, ont entrée au conseil de régence.

« Art. 21. L'empereur, soit par ses lettres-patentes, soit par son testament, ajoute au conseil de régence le nombre des membres qu'il juge convenable.

« Art. 22.. Aucun des membres du conseil de régence ne peut être éloigné de ses fonctions par l'impératrice-régente ou le régent.

« Art. 23. L'impératrice régente ou le régent préside le conseil de régence, ou délègue, pour présider à sa place un des princes français ou un des grands-dignitaires.

Sect. 2. Art. 24. Le conseil de régence délibère nécessairement à la majorité absolue des voix : 1° Sur le mariage de l'Empereur ; 2° Sur les déclarations de guerre, la signature des traités de paix, d'alliance ou de commerce ; 3° Sur toute aliénation ou disposition, pour former de nouvelles dotations, des immeubles ou des valeurs immobilières, composant le domaine extraordinaire de la couronne ; 4° Sur la question de savoir s'il sera nommé, par le régent, à une ou plusieurs des grandes dignités de l'empire, vacantes durant la minorité.

« Art. 25. Le conseil de régence fait les fonctions de conseil privé, tant pour les recours en grâce, que pour la rédaction des sénatus-consultes.

« Art. 26. En cas de partage, la voix de l'impératrice ou du régent est prépondérante.

« Si la présidence est exercée par délégation, l'impératrice régente ou le régent décide.

« Art. 27. Sur les autres affaires envoyées à son examen, le conseil de régence n'a que voix consultative.

« Art. 28. Le ministre secrétaire d'Etat tient la plume aux séances du conseil de régence et dresse procès-verbal de ses délibérations (1). »

Aujourd'hui qu'une loi va suppléer au silence de la charte de 1814 et 1830, il sera sans doute établi, comme dans la loi de 91, que le régent aura l'exercice complet de toute l'autorité royale.

Cependant, pour tout dire aussi, le pouvoir du régent m'effraie dans ce qui se rapporte à l'exercice du droit de paix ou de guerre ; entre les mains d'un monarque,

---

(1) Des lettres patentes du 30 mars 1813, apportèrent de nouvelles modifications et additions à ces dispositions, en statuant ce qui suit : Voulant donner à notre bien-aimée épouse l'impératrice et reine Marie-Louise, des marques de la haute confiance que nous avons en elle, nous avons résolu de l'investir, comme nous l'investissons, par ses présentes, du droit d'assister au Conseil du Cabinet, lorsqu'il en sera convoqué pendant la durée de notre règne, pour l'examen des affaires les plus importantes de l'Etat ; et attendu que nous sommes dans l'intention d'aller incessamment nous mettre à la tête de nos armées pour délivrer le territoire de nos alliés, nous avons résolu de conférer comme nous conférons par ses présentes, à notre bien-aimée épouse l'impératrice et reine le titre de régente, pour en exercer les fonctions en conformité de nos intentions et de nos ordres, tels que nous les aurons fait transcrire sur le livre d'état, entendant qu'il soit donné connaissance aux princes grands dignitaires et à nos ministres desdits ordres et instructions, et qu'en aucun cas l'impératrice ne puisse s'écarter de leur teneur, dans l'exercice des fonctions de régente.

« Voulons que l'impératrice régente préside en notre nom, le Sénat, le Conseil d'Etat, le Conseil des ministres et le Conseil privé, notamment pour l'examen des recours en grâce, sur lesquels nous l'autorisons à prononcer après avoir entendu les membres du conseil privé. Toutefois notre intention n'est pas que, par suite de la présidence conférée à l'impératrice-régente, elle puisse autoriser par sa signature, la présentation d'aucun senatus-consulte, ou proclamer aucune loi de l'Etat, nous référant à cet égard au contenu des ordres et instructions mentionnées ci-dessus. »

ce droit est sans danger, parce que sa haute position ne lui permet pas les entraînements que peut subir un régent.

La fortune des rois est faite, ils ne sauraient monter plus haut ; leur influence ne peut grandir, les prestiges de la gloire militaire ne l'emportent pas dans leur esprit sur les besoins réels, permanents de leur peuple ; ils ont besoin de conserver, sans le compromettre, un avenir qui est à eux et à leur dynastie. Cet intérêt leur fera préférer à une réputation de puissance, une réputation de justice : ils augmentent ainsi les forces de l'Etat et sont eux-mêmes exaltés par ce dévouement. Mais en est-il de même pour un régent ? Il desire se faire une grande place dans l'avenir à côté de la royauté ; la facilité d'y parvenir par le succès des armes qui a tant d'enivrement pour nous, cela ne peut-il pas inspirer le desir au régent de se poser en héros, et d'asseoir sa future grandeur, non sur l'exercice pacifique des droits de la couronne, mais sur des passions de gloire et d'orgueil. La jeunesse et l'éducation peut-être trop militaire d'un prince appelé à la régence, n'ajoutent-elles pas encore à cette disposition ? Quoiqu'il en soit, espérons que les périls de cette situation n'échapperont pas à nos législateurs, et surtout à la haute sagesse qui, depuis douze ans, préside à nos destinées, elle ne voudrait pas voir menacés dans un avenir de guerre, tous les éléments de prospérité, de bonheur, de civilisation, acquis pacifiquement par sa prudence, et réservés encore au long avenir de sa dynastie.

Tous les actes accomplis pendant la durée d'une régence ont le même caractère de légitimité que s'ils émanaient de la personne du roi. A la fin de la régence, ils existent donc par leur propre force, ils n'ont pas besoin d'être confirmés par le prince, ils ne peuvent non plus être détruits par lui. Autrement, en effet, ce serait créer un provisoire, une incertitude et une instabilité nuisibles à l'administration pendant les minorités, pendant les temps où le pouvoir a surtout besoin de force. La perpétuité des actes de la régence l'élève dans l'esprit des gouvernés, et donne à son autorité l'influence morale dont elle a surtout besoin. Pour les modifier, s'il y a lieu, on ne pourrait le faire que conformément à nos lois constitutionnelles, c'est-à-dire, que, si ces actes sont l'œuvre de la puissance législative, ils ne pourront être abrogés ou amendés que par cette même puissance ; s'ils sont l'œuvre d'ordonnances ou de réglements, ils ne pourront l'être que par des ordonnances ou des réglements nouveaux tous établis dans la forme voulue par la loi.

Dans son *Répertoire de Jurisprudence* pour la solution de cette question, Merlin ajoute son autorité aux raisons ci-dessus énoncées :

« La régence finie, est-il nécessaire, dit le *Répertoire de Jurisprudence*, que le roi confirme les actes de souveraineté qui ont été faits en son nom par le dépositaire momentané de sa puissance ?

« Philippe-le-Hardi, à son retour en France ratifia quelques chartes données, pendant son absence, par Mathieu de Vendôme et Simon de Nesle, régents du royaume.

« Philippe-le-Bel, en 1287, confirma une charte accordée par les mêmes, en juillet 1285, pendant que son père était en Aragon.

« Mais ce ne sont là que des confirmations particulières, et c'est ce qui prouve qu'elles n'étaient demandées et accordées que par surabondance.

« Le roi Jean à son retour d'Angleterre envisagea les choses autrement : il crut que les actes de souveraineté, exercés par le régent pendant son absence, avaient besoin de sa ratification, et il les ratifia, en effet, par des lettres patentes du 14 octobre 1360, qui sont citées par Brillon, dans son *Dictionnaires des Arrêts* au mot *régent*.

« Du reste, on ne trouve pas qu'il en ait été usé de même relativement à aucune des régences qui ont été administrées pendant les minorités. Pourquoi cette différence ? C'est, selon Villaret (1), parceque dans ce dernier cas, les constitutions et les lois du royaume ayant appelé au gouvernement de l'Etat celui qui a rempli les fonctions de souverain, ces mêmes lois sont censées avoir confirmé tous les actes qui sont émanés de l'autorité qui lui a été confiée, au lieu que celui qui gouverne pour absence ou maladie, n'est régent qu'accidentellement, et pour ainsi dire par prêt.

« Nous n'avons pas besoin d'avertir les publicistes et les jurisconsultes que cette raison n'est absolument qu'un jeu d'imagination; il vaut mieux reconnaître tout uniment que la différence que Villaret a voulu justifier n'existe pas, et que dans l'exactitude des principes, il n'est pas plus nécessaire de confirmation pour les actes émanés des régences administrées pendant l'absence ou

______

(1) *Hist. de France*, tom. IX, édit. in-12.

la maladie duprince que pour les actes émanés des autres régences (1).

A qui doit être déférée la régence ? Sur cette question nous devons distinguer la régence légitimaire ou héréditaire, c'est-à-dire, celle qui est conférée par la loi, de la régence dative qui est donnée par le prince, avec le concours du pouvoir législatif. Nous pensons que ces deux modes doivent exister concurremment. La loi doit pourvoir à l'administration du royaume pendant la minorité du prince, mais il faut laisser au roi, rapproché de cette minorité, qui prévoit les difficultés de choses et de personnes à organiser, en vue des circonstances, une régence spéciale.

Dans le cas où il n'y aurait, parmi les princes de la famille royale, aucun de ceux appelés par la loi, ou choisis législativement par la couronne, il y aurait lieu nécessairement à pourvoir à cette vacance par une élection. Or, l'histoire nous apprend que, sous la seconde, ou même sous la troisième race, ce droit fut exercé par les grands du royaume par les barons, par les princes, prélats, nobles gens de bonnes villes, et autres nobles clercs, représentant les trois Etats du royaume, et par les parlements. Il existe même une loi à ce sujet, ce sont les lettres patentes de Charles IX, du 30 mai 1574, ainsi conçues :

« Nous ne saurions faire élection de personne sur laquelle nous nous puissions plus reposer que sur la reine, notre très honorée dame et mère, et qui, avec plus de zèle et d'affection, embrasse ce qui nous touche et cet état,

(2) *Répert. de Jur.*, par M. Merlin, au mot *régence*.

tant pour l'amitié maternelle qu'elle nous porte que pour la longue expérience qu'elle a eue de la direction et maniement des affaires de ce royaume, depuis notre minorité jusqu'à présent, *qu'elle y a été appelée du consentement et réquisition de l'assemblée générale des Etats, qui fut faite après le décès du feu roi François, notre très cher sieur et frère* (1) «

Ce mode traditionnel d'élire un régent doit être appliqué aujourd'hui comme alors. Cette élection appartient naturellement aux assemblées législatives.

La loi appellera-t-elle à la régence le prince le plus rapproché de la couronne? Déléguera-t-elle cette fonction à raison de la proximité du degré de parenté en ligne masculine et de primogéniture en parité de degré? En général, c'est ainsi qu'à toutes les époques ont été données les régences. Nous pensons donc que cela doit être établi comme un droit toutes les fois que la régence sera légitimaire ou donnée par la loi, conservant au roi qui voudrait pourvoir à une régence toute la liberté du choix qu'il voudrait faire. Ce principe a cet avantage à être écrit dans une loi, c'est de fixer nettement l'ordre des concurrents, de placer à la tête de l'administration celui qui a le plus d'intérêt à la conservation du pouvoir; c'est en effet lui qui, par l'éventualité de ses droits, peut être appelé à la couronne par le décès du prince mineur.

Il y a surtout un grand avantage à disposer ainsi législativement de la régence dans le même ordre d'hérédité

______

(1) Voyez *encore*, entre autres, le *Rép. de Jurisp.* par Merlin, au mot *régence.*

que celui qui existe pour la couronne. Un seul système qui rapproche ainsi le droit de l'exercice, ou le principe du fait, est dans un juste rapport avec la nature d'une monarchie. L'un est l'appui et la force de l'autre.

Comme motif d'incapacité pour la régence, il faut reconnaître le fait de l'occupation d'un trône étranger, la résidence hors de France, une maladie mentale, la minorité, tous ces cas sont des raisons d'exclusion trop évidentes pour être contestées. M. Thouret, dans son rapport à la Constituante, prévoyait le cas de minorité du prince appelé à la régence. Dans ce cas, il proposait de confier la régence à un autre prince, le plus proche en degré après l'appelé mineur, ou, à défaut d'autre prince, d'élire un régent. Mais il voulait que la régence revint à l'appelé aussitôt après qu'il aurait atteint sa majorité. Il ne voyait pas pourquoi il en serait autrement, cela lui paraissait conforme aux principes constitutifs de la régence et aux principes généraux de la minorité ; celle-ci ne faisant que suspendre pour un temps l'exercice des droits du mineur qui en recouvre l'usage à sa majorité. Nous voyons de grands inconvénients à l'application de la proposition de M. Thouret. D'abord un commencement de régence est un temps de faiblesse, soit par les espérances et les agitations des mécontents, soit aussi par l'inexpérience de celui qui va administrer le pays. Ce serait une grande faute que d'ajouter à ces dangers naturels, en multipliant les chances de désordre sous une même minorité, et en augmentant la faiblesse et l'instabilité de l'administration. Si l'on conserve à toujours la régence à celui qui l'a recueillie au décès du

roi, on ne viole aucune loi. C'est par erreur que M. Thouret veut appliquer à ce cas les principes de la minorité et
de la tutelle, ce sont ceux de l'hérédité qui sont au contraire
applicables. Et alors, conformément aux nécessités de
prudence et de sagesse qu'exige ici la nature des choses,
la capacité sera décidée au moment de l'ouverture des droits
à la régence : comme dans une hérédité ordinaire, celui
qui sera incapable alors sera exclu pour jamais.

Il reste une grave question à examiner, qui a été débattue
déjà dans la presse quotidienne, ou elle a été diversement
résolue. Nous voulons parler de la capacité des femmes
pour la régence du royaume.

L'histoire ne nous montre, dans un passé de confusion
et d'anarchie, aucun usage fixe sur les régences. La seule
règle c'est qu'un prince, dans sa première enfance, ne peut
pas gouverner lui-même. Le reste est l'ouvrage des circonstances. Sous toutes les races, nous voyons des femmes
appelées à la régence. La couronne était alors considérée
comme un grand fief, et comme fief elle était regardée
comme une propriété particulière ; si des chartes d'ordre
public en limitaient la transmission dans la descendance
mâle par ordre de primogéniture, on pensait qu'il suffisait
que le droit de propriété fût conservé à l'héritier mâle, et
que la mère ou la sœur pouvait veiller à la conservation
de ce droit. A tort on avait séparé le droit de l'exercice.
En effet, si les femmes étaient exclues du droit de propriété de la couronne, c'est parce qu'on les avait reconnues
incapables d'en remplir tous les devoirs. Pourquoi donc
leur en confier accidentellement l'exercice ? Aujourd'hui

que la couronne est une institution sociale, une grande magistrature publique réservée à la descendance mâle des rois
à cause des hautes prérogatives et des nombreux devoirs
qu'elle impose, pourquoi violerions-nous ce principe, en
confiant à des femmes l'exercice de ce pouvoir. Ce pouvoir
change-t-il donc de nature pour être exercé à titre de régence au lieu de royauté !

N'oublions pas l'histoire des régences les plus rapprochées de nous, dans un temps où le pouvoir public s'était
cependant affermi et moralisé par un long usage, et les
progrès naturels des temps. Les régences des Catherine et
des Marie de Médicis, des Anne d'Autriche furent assez
fatales à la France et assez fertiles en désordres et en
guerres civiles.

Dans la Genèse (VIII. III. XVI.), Dieu menace les
hommes de leur donner des femmes pour maîtres, comme
une marque de sa malédiction; et le prophète Isaïe
menace les Juifs de la domination des femmes et des
enfants, comme de deux punitions égales. Aristote
reconnaissait avec raison la différente destination de
l'homme et de la femme par la différence des qualités du
corps et de l'esprit, que l'auteur même de la nature a mise
en eux, en donnant à l'un une force de corps et une in-
trépidité d'ame qui le mettent en état de supporter les plus
rudes fatigues, et d'affronter les plus grands dangers, et
à l'autre, au contraire, une complexion délicate et faible,
accompagnée d'une douceur naturelle et d'une modeste
timidité qui la rend propre à une vie sédentaire et qui la
porte à se renfermer dans l'intérieur de la maison et dans

les bornes d'une industrieuse et prudente économie.

L'auteur de la science du gouvernement dit encore que les femmes sont ordinairement inférieures aux hommes en solidité de jugement, en bon sens et en raison, la délicatesse qui se trouve dans leurs fibres ne leur donne une grande intelligence que pour ce qui frappe le plus les sens; elles sont d'ordinaire incapables de pénétrer les vérités un peu cachées, elles ne considèrent que l'écorce des choses, et leur intelligence n'a pas assez d'étendue pour en percer le fond.

Nous pourrions multiplier nos citations, mais revenant à notre sujet, nous nous bornerons à dire pour l'exclusion des femmes de toute régence, qu'en présence de leur exclusion de la couronne, il n'y a là point de question. On comprend, en effet, que les mêmes motifs qui s'opposent à ce que les femmes soient appelées comme reines au gouvernement de l'état, prescrivent également de ne pas leur reconnaître ce droit et cette capacité en qualité de régente.

On objecterait vainement qu'on pourrait limiter leur pouvoir en leur adjoignant, soit un des princes, soit un conseil de régence. Rien ne doit être changé à notre constitution pendant la minorité d'un prince, nous avons assez développé cette idée pour ne pas y revenir ici.

L'autorité royale, comme nous l'avons dit, ne peut être ni interrompue, ni entravée, elle ne doit jamais sommeiller, son exercice doit être constant. De là, les fonctions du régent doivent commencer au moment même de la mort du prédécesseur du roi mineur, et elles cesseront de plein droit, le jour même où celui-ci atteindra sa majorité; en prenant l'administration du royaume, le roi devra prêter un serment solennel en présence des chambres réunies.

DE LA TUTELLE.

Si la régence a un caractère public, la tutelle a essentiellement un caractère privé. Elle se borne à l'éducation et à la garde du prince mineur. Celle-là a pour but de conserver le pouvoir, celle-ci de veiller sur la personne du prince. Si elle doit être séparée de la régence, elle doit néanmoins appartenir aux personnes les plus rapprochées par la parenté du pupille. C'est à elle, en effet, que la nature semble avoir plus spécialement confié ce soin de protection. C'est donc obéir à son vœu, que de donner en première ligne la tutelle à la mère; ici nous ne voyons pas le même inconvénient à placer, à côté de la tutelle, un conseil de minorité. C'est rentrer, d'ailleurs, dans le droit ordinaire. Pour diriger l'éducation d'un prince, ce n'est pas trop de la réunion et de la sagesse de plusieurs. Quant au zèle et à la vigilance, on peut s'en reposer avec confiance sur la sollicitude et l'amour maternel. Où trouver plus de sécurité ! comment espérer une plus forte garantie que dans cette tendresse maternelle, fortifiée d'ailleurs par tout ce que les institutions et les lois peuvent avoir de sagesse et de puissance !

Quant à la prohibition prononcée contre la reine, de convoler à de secondes noces...., cela nous paraît inutile.

4

Il suffit pour l'en empêcher de la menace, écrite dans la loi, de perdre la tutelle de son enfant ; un encouragement à rester dans le veuvage existe plus encore pour les reines que pour les autres femmes dans le titre à l'estime conquis par elles, en montrant leur respect pour la mémoire d'un époux. Une chose digne de vénération, en effet, dans une mère, c'est cette perpétuité de tendresse pour le père des enfants, qui malgré la mort, fait du mariage, entre le défunt et la survivante, un lien indissoluble. Mais cette renonciation à de nouvelles affections doit être libre ; imposer une prohibition, ce serait quelquefois provoquer à des désordres criminels et à des déréglements honteux.

Charles V avait déféré la tutelle de son fils à la reine son épouse, assistée des ducs de Bourgogne et de Bourbon.

La constitution de 1791 porte :

« Tit. III, Chap. II, Sect. 2, Art. XVII. La garde du roi mineur est confiée à sa mère, et s'il n'a pas de mère ou si elle est remariée au temps de l'avènement de son fils au trône, ou si elle se remarie pendant sa minorité, la garde sera déférée par le corps législatif. »

Le sénatus-consulte du 8 mars 1804 (28 floréal an XII), contenait la disposition suivante :

« Tit. IV, Art. 3o. La garde de l'empereur mineur est confiée à sa mère, et à son défaut, au prince désigné à cet effet par le prédécesseur de l'empereur mineur.

« A défaut de la mère de l'empereur mineur et d'un prince désigné par l'empereur, le sénat confie la garde de l'empereur mineur à l'un des titulaires des grandes dignités de l'empire.... »

Le sénatus-consulte du 5 février 1813 renfermait aussi des dispositions semblables :

« Tit. V, Art. 29. La garde de l'empereur mineur, la surintendance de sa maison et la surveillance de son éducation sont confiées à sa mère.

« Art. 30. A défaut de la mère, ou d'un prince désigné par le feu empereur, la garde de l'empereur est confiée, par le conseil de régence, à l'un des princes titulaires des grandes dignités de l'empire.

« Art. 31. Ce choix se fait au scrutin, à la majorité absolue des voix; en cas de partage, le régent décide. »

En résumé, c'est à la reine, et à la reine même seule, que doit être conférée de plein droit la tutelle. A son défaut, il doit y être pourvu ou par le choix du roi prédécesseurs, ou par voie d'élection.

Nous avons parlé de ces deux modes à propos des régences. Nous n'avons ici rien de plus à dire.

La minorité, en cessant, fait terminer, de plein droit, la tutelle comme la régence.

DES RÉGENCES EN ANGLETERRE.

En Angleterre, les lois fondamentales n'ont rien statué sur la régence. L'opinion, qui semble avoir prévalu parmi les publicistes de la Grande — Bretagne, est que, par une fiction de la loi, le roi d'Angleterre n'est jamais mineur. Jean Selden dit expressément que la régence finit par le couronnement du roi, et que le roi n'est plus légalement mineur après son intronisation solennelle ; il ne donne point d'autre rang, dans le parlement, au régent du royaume, que celui de sa dignité personnelle ; et cependant l'usage a souvent démenti cette assertion. Edouard Coke, regardé en Angleterre comme le flambeau de la loi, ne dit qu'un mot sur la régence : ce grand homme cite plusieurs articles des minutes des parlements tenus sous le règne d'Henri VI, comme les régles nationales qui déterminent l'autorité, le rang et la dignité des régents du royaume ; il ajoute que la régence doit être établie par l'autorité du grand conseil de la nation,

assemblé en parlement. Blackstone a conclu de ces principes que le célèbre Coke avait adopté l'opinion qu'il pro-
fesse lui-même, et qu'en vertu de la loi commune les rois
d'Angleterre n'étaient jamais légalement en minorité : les
articles cités par Coke n'ont cependant jamais été comptés
au nombre des lois, ou, pour parler plus correctement, au
nombre des statuts parlementaires de la Grande-Bretagne.

Les actes du parlement, relatifs à la régence, sont en
très petit nombre ; ils ne prononcent jamais que sur les
actes particuliers, et ils n'y pourvoient ordinairement que
d'une manière fort incomplète. Le premier de ces statuts
est de l'année 1533, la vingt-cinquième du roi Henri VII,
et il est intitulé : *Acte concernant la succession du roi*. Cet
acte fixe la majorité, relativement au trône, à 18 ans pour
les mâles, et pour les filles à 16 ans, ou à leur mariage. La
même loi défère le gouvernement de leur personne et la
régence du royaume à la mère du roi ou de la reine en
minorité. En 1536, il y eut un autre acte sur le même
objet, mais on l'a effacé de la collection sous le règne de
Marie, en 1553, comme injurieux à la mémoire de la
reine sa mère. Ces deux lois ne pouvaient d'ailleurs s'appliquer aux enfants d'Henri VIII.

La mort du prince Frédéric de Galles, père du roi
d'Angleterre, qui ne laissait pour héritiers que des
enfants en bas âge, obligea les Anglais de pourvoir
d'avance à la régence du royaume.

Par un statut de l'année 1751, la vingt-quatrième du
règne de George II, la régence fut déférée, en cas de minorité, à la princesse douairière de Galles, assistée d'un

conseil. Quoique cette disposition n'ait jamais été exécutée, elle n'en est pas moins regardée comme une loi perpétuelle du royaume, parce que le vingt-troisième para-
graphe abroge les deux lois de la vingt-huitième année
d'Henri VIII et de la cinquième d'Edouard VI, qui avaient
été jusqu'alors en pleine vigueur dans le droit public d'Angleterre.

La dernière loi anglaise, relative à la régence, est de
1765, la cinquième année du règne de Georges III, chapitre 27. Pour prévenir les troubles qui menaçaient la minorité des rois, quand le choix du régent n'était pas déterminé par la loi, le parlement d'Angleterre voulut décréter
des dispositions relatives à la régence peu de temps après le
mariage du roi régnant. Par cet acte, entièrement conforme
aux statuts de l'année 1731, le roi est autorisé à déférer
la régence par testament ou à la reine son épouse, ou à sa
mère, ou à celui de ses parents qu'il voudra préférer dans
la descendance du feu roi, son grand père. Ces deux lois sont
très imparfaites ; elles ne décident rien sur la régence dans
le cas où la couronne passerait à un héritier collatéral ; elles
ne pourvoient pas au remplacement de la régence en cas
de vacance par mort ; elles ne statuent rien sur la régence,
si le roi venait à mourir sans avoir choisi un régent ; en
prononçant formellement que le régent ne pourra pas
changer le forme de gouvernement établie par ces actes,
et en soumettant aux peines de la loi *prœmunire* les personnes qui auraient coopéré à ce changement, elles ne pré-
voient point le cas où le roi régnant aurait établi, avant sa
mort, un autre ordre de régence. Ces actes, sans révoquer

expressément l'acte septennal regardé, en Angleterre, comme un loi sacrée, présentent une hypothèse où le régent aurait pu y déroger par le fait ; ils limitent l'autorité de régent d'une manière très extraordinaire, en lui défendant de donner le consentement royal à certains bills dérogatoires. Malgré l'importance de ces statuts, que le régent n'a pas le droit de changer, il est étrange que dans ce royaume, où l'on tient pour maxime fondamentale, que l'autorité royale ne *défaut jamais*, on en suspend l'exercice en paralysant ainsi pendant plusieurs années, du moins à certains égards, les deux autres branches du pouvoir législatif.

Un acte célèbre du parlement nomma des conseillers au duc de Lancastre, tuteur du roi Richard II : cet acte est rapporté presque en entier dans les lettres patentes du 20 juillet 1377. L'autorité de ces conseillers de régence n'y est point déterminée ; d'ailleurs, le statut ne paraît pas distinguer ce conseil de régence du conseil privé du roi. Le testament d'Henri VIII constitue au contraire un conseil différent du conseil de régence. Les deux actes de régence de 1751 et 1765, en conservant le conseil privé, restreignent les droits du conseil de régence, à certains actes particuliers de la prérogative royale.

« Enfin, les lettres patentes du 15 décembre 1422, première année d'Henri VI, qui n'avait alors qu'un an, intitulées *de protectore regni constituto*, portent la clause : *De assensu et avisamento, tam dominorum quam de assensu communitatis dicti regni Angliæ, in instanti parliamento existentium ordinavimus et constituimus, etc.* ; elles sont signées : *teste rege, per ipsum regem et consilium suum in parliamento.*

Les faits relatifs à la régence des rois mineurs sont, en Angleterre, encore plus obscurs et plus contradictoires que les lois.

Depuis la grande charte accordée par le roi Jean-sans-Terre, nous connaissons cinq minorités dans l'histoire d'Angleterre : celle d'Henri III, qui monta sur le trône le 19 octobre 1216 ; celle de Richard II, le 22 juin 1377 ; celle d'Henri VI, le 31 août 1422 ; celle d'Edouard V, le 9 août 1483 ; enfin, celle d'Edouard VI, le 28 janvier 1547.

Blackstone, je le sais bien, regarde les trois premières années d'Edouard III, comme une minorité. Il est cependant certain que ni la reine Isabelle sa mère, ni Roger de Mortimer, qui gouvernèrent pendant quelque temps sous son nom, ne prirent jamais le titre de régent, de gardien ou de protecteur : il y a plus, Edouard III lui-même avait été nommé par le parlement d'Angleterre gardien du royaume, avant la déposition de son père Edouard II, auquel il succéda le 24 janvier 1327. Blackstone s'est donc trompé quand il a considéré ce prince comme mineur, et le commencement de son règne comme une régence.

Henri III, fils de Jean-sans-Terre, monta sur le trône à l'âge de neuf ans, le 19 octobre 1216 ; le royaume était alors agité par les troubles qui avaient obligé le roi Jean à accorder la Grande Chartre ; le comte de Pambrocke prit, de sa seule autorité, le titre de régent ; le parle-

ment n'influa ni sur cette régence ni sur le choix de justi-
cier qui lui fut ensuite substitué. Mais cette époque de
l'histoire anglaise est étrangère à l'étude des lois; tout
était alors l'ouvrage de la force.

Lorsque Richard II hérita de la couronne, à l'âge de
onze ans, le duc Jean de Lancastre, son oncle, s'empara
également, par sa seule autorité, de la régence du
royaume. J'ai déjà parlé des lettres patentes qui lui donnèrent un conseil, en exécution d'un acte du parlement ;
mais les représentants du peuple anglais n'eurent ensuite
aucune part, durant cette orageuse minorité, ni à la régence, ni au gouvernement, ni à la déclaration de la majorité du roi, ni à son mariage.

Henri VI n'avait pas encore un an accompli lorsqu'il
succéda, le 31 août 1422, à son père Henri V, mort au
château de Vincennes. Dans les dernières années de son
règne, Henri V avait fait deux voyages en France ; il avait
établi pour régents du royaume d'Angleterre, pendant son
absence, ses trois frères, les ducs de Clarence, de Bedfort et
de Glocester. Le duc de Clarence mourut avant le roi.
Après la mort de Henri V, le duc de Bedfort fut chargé
de la régence en France, et le duc de Glocester remplit les
mêmes fonctions en Angleterre. Le royaume d'Angleterre et les domaines qui lui appartiennent avaient
été déclarés distincts et séparés du royaume de
France, que les tuteurs de Henri VI disputaient à notre
roi Charles VII, en vertu des traités de Troyes et de
Bretigny. Le parlement d'Angleterre prit ensuite part à la
régence en vertu de plusieurs pétitions citées par Edouard

Coke; mais on n'en trouve aucune trace dans les collections des statuts (1).

(1) Discours de l'abbé Maury, prononcé à l'Assemblée Constituante, au mois de mars 1791.

DES RÉGENCES EN FRANCE,

SOUS

LES TROIS RACES.

—

1re RACE.

N° 1. An 578. Régence de minorité. Childebert, âgé de 13 ans à la mort de Clovis, son père. Clotilde, épouse de Clovis, régente. Le royaume d'Orléans gouverné par Childebert et Clotaire, oncles des héritiers de Clovis.

N° 2. An 584. Régence de minorité. Clotaire II, fils de Chilpéric et de Fredegonde, roi de Soissons, à l'âge de 4 mois. Il est sous la tutelle de Fredegonde, sa mère, et sous la régence de Gontran, roi d'Orléans, son oncle, remplacé ensuite par Landri, maire du palais.

N° 3. An 590. Régence de minorité. Théodebert, roi d'Austrasie, et Théodoric, roi d'Orléans, tous deux fils de Childebert, ont pour tutrice et régente leur mère Brunéhaut.

N° 4. An 644. Régence de minorité. Clovis II, fils de Dagobert, roi de Neustrie et de Bourgogne ; premier roi fainéant, âgé de quatre ans. Tutelle et régence de Nantilde, sa mère, et du seigneur OEga.

N° 5. An 665. Régence de minorité. Clotaire III, fils de Clovis. Régente Batilde ou plutôt Ebrouin, maire du palais, qui remplit le royaume de troubles. Ce roi meurt à 14 ans.

N° 6. An 691. Régence de minorité. Clovis III, fils de Thierri II, roi à l'âge de 10 à 11 ans. Régent Pepin de Herstal, maire du palais.

N° 7. An 696. Régence de minorité. Childebert III, frère de Clovis III, roi à l'âge de 12 ans. Pepin, régent. Pour assurer l'hérédité de sa charge à sa famille, il met auprès du roi, comme maire du palais, Grimoald, son fils.

N° 8. An 714. Régence de minorité. Dagobert III, âgé de 11 ans, roi de Neustrie; Pepin, maire du palais, régent.

N° 9. An 721. Régence de minorité. Thierri IV de Chelles, fils, suivant une charte, de Dagobert II, fait roi à l'âge de 7 ans, comme prince de sang royal, de Bourgogne, de Neustrie et d'Austrasie, par Charles Martel, maire du palais régent.

N° 10. An 742. Régence de minorité. Après un interrègne de cinq ans, quoique Thierri eut laissé un fils, les enfants de Charles Martel, décidés par les manœuvres des grands, devenus partisans des troubles, appellent à la couronne Childéric, âgé de 11 ans, sous la régence de Pepin et Carloman. Ce prince est le dernier roi de la race Mérovingienne.

2ᵉ RACE.

CARLOVINGIENS.

235 ANS. 752 — 987.

Nº 11. An 824. Régence de minorité. Charles-le-Chauve, fils de Louis-le-Débonnaire et de Judith, roi à l'âge de 17 ans. Lothaire, empereur, son frère aîné et son parrain tuteur.

Nº 12. An 879. Régence de minorité. Charles III, dit le Simple, fils posthume de Louis-le-Bègue et d'Adelaïde, sa seconde femme. L'administration du royaume appartient tour-à-tour, en la qualité nouvelle de *roi régent* de France, aux fils naturels de Louis-le-Bègue, classés comme rois par les historiens, sous les noms de Louis III et de Carloman, à Charles-le-Gros, empereur d'Italie, et à Eudes. A la mort de ce dernier, Charles III est enfin affermi sur son trône, à l'âge de 20 ans.

Nº 13. An 954. Régence de minorité. Lothaire, fils de Louis d'Outre-mer et de Gerberge, roi à l'âge de 13 ans, sous la régence de Hugues-le-Grand, duc des Français, qui s'arrogea tous les droits de la couronne.

Nº 14. An 986. Régence de minorité. Louis V, dit le Fainéant, fils de Lothaire, roi à 19 ans, sous la tutelle de Hugues Capet, duc des Français ; et sous la régence de la reine mère. Il ne régna qu'un an ; il mourut sans postérité, et Hugues-Capet s'empara de la couronne.

CAPÉTIENS.

Nº 15. An 1060. Régence de minorité. Philippe Iᵉʳ, fils d'Henri Iᵉʳ, couronné roi par son père à l'âge de 8 ans. Quoique la reine-mère soit vivante, Baudoin, comte de Flandres est régent.

Nº 16. An 1137. Régence de minorité. Louis VII, fils de Louis-le-Gros et d'Adélaïde, roi à 18 ans. Il gouverne avec les avis du comte de Champagne.

Nº 17. An 1147. Régence de majorité. Louis VII, dit le Jeune, partant pour la Palestine, remet les rênes du gouvernement à Suger, abbé de St-Denis, et à Raoul, comte de Vermandois.

Nº 18. An 1180. Régence de minorité. Philippe-Auguste, fils de Louis-le-Jeune et d'Adèle de Champagne, roi à 15 ans. Régence et tutelle de Philippe d'Alsace, comte de Flandres, qui est aussi premier ministre.

Nº 19. Régence de majorité. Le même Philippe-Auguste, avant de partir pour la Terre-Sainte, confie la régence, suivant Meyer et l'abbé Velly, à Philippe, comte de Flandres ; et suivant Dutillet, à la reine-mère Alix de Champagne et au cardinal de Ste-Babine, son frère. Pour concilier cette [différence, Belleforêt dit que le comte de Flandres eut la régence, et que la reine et son frère eurent la tutelle.

Nº 20. An 1227. Régence de minorité. Louis IX, dit saint Louis, fils de Louis VIII et de Blanche de Castille, roi à l'âge de 12 ans. Louis VIII, son père, avait nommé, en 1225, Blanche de Castille la reine régente du royaume.

Nº 21. An 1248. Régence de majorité. Saint Louis, lors de sa première croisade, confia le gouvernement à la reine Blanche, sa mère. Plus tard, par lettres patentes de 1269, il nomme, pour l'administration du royaume, Mathieu de Vendôme, abbé de St-Denis, et Simon de Clermont-de-Nesle, auxquels il substitua, par la suite, Philippe, évêque d'Évreux, et Jean, comte de Ponthieu.

Nº 22. An 1285. Régence de majorité. Philippe-le-Hardi, fils de saint Louis et de Marguerite de Provence, partant pour l'Arragon, déclare régents Mathieu de Vendôme et Simon de Nesle.

Nº 23. An 1316. Régence de minorité. Jean Ier, fils posthume de Louis X, dit le Hutin. Il régna 8 jours. Le comte de Poitiers fut régent.

Nº 24. An 1362. Régence de majorité. Jean, dit le bon, fils de Philippe de Valois et de Jeanne de Bourgogne. Il institue, avant de partir pour l'Angleterre, Charles V, son fils, gouverneur de l'État.

Nº 25. An 1380. Régence de minorité. Charles VI, fils de Charles V, roi à l'âge de 12 ans. Son père, le roi Charles V, avait nommé, en 1374, Jeanne de Bourbon, son épouse, tutrice de son fils aîné, et lui avait donné pour adjoints dans le gouvernement du royaume, les ducs de Bourgogne et de Bourbon, en stipulant qu'elle perdrait la régence si elle se remariait. Mais les trois frères de Charles V, Louis d'Anjou, tige des ducs de ce nom, Jean, duc de Berry et Philippe-le-Hardi, tige des ducs de Bourgogne, se disputent la régence qu'occupe le duc d'Anjou. Ses deux frères prétendent limiter son pouvoir par un conseil de régence dont ils seraient les principaux membres avec le duc de Bourbon, Louis II, dit le bon, oncle maternel du roi. Pour prévenir les discordes des princes, et peut-être une guerre civile, des arbitres arrêtent que le roi mineur serait âgé ou émancipé lors de son sacre, qui aurait lieu prochainement, et qu'il prendrait alors l'administration de son royaume, gouverné en son nom par ses oncles.

N° 26. An. 1408. Régence de majorité. Charles VI, reconnu incapable de gouverner, la régence est déférée à la reine Isabeau de Bavière, déjà nommée régente en 1392 et 1407.

N° 27. An. 1423. Régence de minorité. Charles VIII, fils de Charles VI et d'Isabeau de Bavière, roi de France, majeur retiré à Bourges. Charles VI, son père, ayant disposé de la couronne en faveur de son gendre, Henri V, roi d'Angleterre, le duc de Bedfort est nommé régent du royaume de France pour Henri VI, roi d'Angleterre (Comme document historique, nous mentionnons la régence du duc de Bedfort que nous ne reconnaissons pas pour cela comme légitime.)

N° 28. An 1483. Régence de minorité. Charles VIII, fils de Louis XI, roi à l'âge de 13 ans. Louis XI, son père, avait nommé pour régente Anne de Beaujeu, sa fille, sœur aînée du jeune roi, et de treize ans plus âgée que lui. Ces dispositions, enregistrées au parlement, furent néanmoins modifiées par les Etats-Généraux de Tours, qui donnèrent la régence à un conseil composé des princes du sang et de douze conseillers choisis entre les députés. La princesse Anne eut néanmoins la garde du roi, son frère.

Nº 29. An 1515. Régence de majorité. François Ier, fils de Charles de Valois Angoulême et de Louise de Savoie, roi majeur. Par édits des 5 juillet 1515, 11 août et 17 octobre 1524, novembre 1525 et 14 juillet 1527, il dispose de la régence à l'occasion, soit de son départ pour l'Italie, soit de sa captivité pour Madrid, en faveur de Mme Louise de Savoie, sa mère, et, en cas de décès, en faveur de sa sœur Marguerite, duchesse d'Alençon.

Nº 30. An 1547. Régence de majorité. Henri II, fils de François Ier et de Claude de France, roi majeur. En partant pour l'Allemagne, le 12 février 1551 et au mois d'août 1553, il laisse le gouvernement de l'État à la reine Catherine de Médicis, son épouse, à son fils et à son conseil, voulant qu'il leur fût obéi comme à lui-même.

Nº 31. An 1560. Régence de minorité. Charles IX, fils de Henri II et de Catherine de Médicis, roi à l'âge de 10 ans. Catherine de Médicis est régente, et le roi de Navarre, premier prince du sang, lieutenant-général du royaume. Les États-Généraux, assemblés à Pontoise en 1561 et composés de trois députés de chacun des douze gouvernements, c'est-à-dire de trente-six membres, approuvèrent cette combinaison faite en présence du roi, des princes et du conseil. Mais toute l'autorité fut bientôt dévolue à la régente.

Nº 32. An 1574. Régence de majorité. Le même roi, Charles IX, près de mourir, nomme la reine, sa mère, ré—

gente du royaume pendant sa maladie et après sa mort, jusqu'au retour de Henri III, alors roi de Pologne.

N° 33. An 1610. Régence de minorité. Louis XIII, fils de Henri IV et de Marie de Médicis, roi à l'âge de 9 ans. Marie de Médicis, sa mère, est déclarée reine régente par le parlement.

N° 34. An 1643. Régence de minorité. Louis XIV, fils de Louis XIII et d'Anne d'Autriche, roi à l'âge de 5 ans. Louis XIII, par son testament, avec déclaration qu'il renfermait sa très expresse et dernière volonté, enregistré le lendemain par le parlement, nomma la reine-mère régente, et son frère Gaston d'Orléans, lieutenant-général du royaume. Il créa un conseil souverain dont il fit chef le prince de Condé et défendit à Anne d'Autriche et à Gaston de le changer. Mais, dans un lit de justice, tenu par le roi le 18 mai, Anne d'Autriche fut, malgré la très expresse et dernière volonté de Louis XIII, déclarée régente, tutrice sans restriction et maîtresse de former son conseil à sa volonté. Omer Talon, avocat-général, donna pour motif de cet acte le danger de partager la puissance, parce que de cette division, dit-il, naissent les factions et les partis.

N° 35. An 1715. Régence de minorité. Louis XV, petit-fils de Louis XIV, roi à l'âge de 5 ans et demi. Louis XIV, son bisaïeul, avait nommé, par testament, le duc d'Orléans régent du royaume, et le duc du Maine, son fils légitime, comme devant avoir la garde du roi mineur et le commandement militaire de sa maison. Le parlement enleva au duc du Maine le commandement de la maison militaire du roi ; il ne lui laissa que les soins de son éducation. Toute la puissance politique de la régence fut ainsi exercée par le duc d'Orléans.

Au Béguin, le 20 juillet 1842.

9 782019 256760